L'HOMME

AU

MASQUE DE FER

C'EST... MOLIÈRE

Opinion émise par UBALDE et présentée à nouveau

Par UN BOUQUINEUR

AIX-LES-BAINS

A. GÉRENTE, Imprimeur-Éditeur

—

1893

L'HOMME

AU MASQUE DE FER

C'est... Molière.

L'HOMME
au masque de fer

C'EST... MOLIÈRE

Opinion émise par Ubalde et présentée de nouveau

PAR

UN BOUQUINEUR

Fœlix qui potuit rerum cognoscere causas.
Hor.

AIX-LES-BAINS
A. GÉRENTE, IMPRIMEUR-ÉDITEUR
—
1893

L'HOMME
AU MASQUE DE FER

C'est... MOLIÈRE

L'IDENTITÉ de l'Homme au masque de fer a, depuis longtemps, le privilège d'occuper les curieux, surtout les curieux qui ont du cœur. Ce problème a fait couler autant de flots d'encre que le passage des Alpes par Annibal. Cette énigme historique semble mise à l'écart de temps en temps, mais c'est pour se reproduire bientôt plus vivante que jamais.

Nous sommes à l'heure où elle revient sur le tapis, et nous nous permettons d'intervenir dans le débat en produisant une version qui nous paraît digne d'être prise en sérieuse considération.

Parmi les candidats à l'identité de l'Homme au masque de fer, on a vu figurer tant d'Italiens qu'il n'est pas étonnant de voir un Italien relever le problème que l'on croyait abandonné; et cet Italien est un homme considérable, il est depuis nombre d'années, le président de la Société d'Histoire et d'Archéologie de Turin.

M. le baron Carutti di Cantogno a publié récemment en Italie une brochure bourrée de faits et de raisonnements, préconisant un nouveau candidat. Tout le monde serait dans l'erreur selon l'éminent historien, autant les partisans de Fouquet que ceux du frère de Louis XIV; mais lui serait enfin dans la bonne voie. Tant mieux, me suis-je écrié en lisant cet ouvrage, et qu'on en finisse une bonne fois avec ce problème agaçant et irritant les caractères les plus accommodants. Et cependant, malgré les bonnes dispositions que j'apportais aux débats, je dois avouer que je ne me suis pas senti convaincu par les raisonnements avancés et les faits accumulés par le nouvel apôtre.

Mais avant tout, reprenons les données du problème et voyons où en est la question. M. Morand a présenté à l'Académie de Savoie, dans sa séance du 18 juin 1891, un résumé du travail de M. le baron Carutti di Cantogno. Nous ne saurions mieux faire que de le reproduire (1).

(1) Je me mettais en devoir de tracer un résumé des débats qui ont eu lieu jusqu'à ce jour au sujet de l'Homme au masque de fer, quand je reçois le volume des Travaux de l'Académie de Savoie pour 1891, qui renferme ce résumé tracé de main de maître. Puisqu'il s'agit ici de Molière, j'ai cru devoir faire usage de son procédé, et je prends mon bien où je le trouve.

Extrait du Compte-Rendu des travaux de l'Académie des Sciences, Belles-Lettres et Arts de Savoie pour 1891, par M. Morand, secrétaire-perpétuel.

M. Morand donne les détails suivants sur l'un des problèmes les plus discutés et les plus ardus de l'histoire :

Nous nous souvenons tous combien, dans notre jeune âge, nous avons été frappés par l'idée du triste sort du Masque de fer, de ce prisonnier innommé (1), détenu et gardé pendant près de trente ans par Saint-Mars, et ceux d'entre nous qui ont passé devant les ruines de l'ancienne citadelle de Pignerol n'ont pas manqué de songer aux soupirs et aux gémissements de celui qui, suivant un poëte italien, fut

> Sepolto vivo, e, per martirio novo
> Chiuso il sembiante, immagine di Dio,
> Entro pesante maschera di ferro.
> Di cui può morte sol disciorre i nodi.

« Le drame, dont nous plaignions ainsi la victime, se déroula des vingt-quatre dernières

---

(1) L'Académie écrit *inneme* par une seule m. C'est une faute, le mot venant de *rommer*. LITTRÉ.

LE BOUQUINEUR.

années du xviie siècle aux trois premières années du xviiie siècle. Peu de faits historiques ont été l'objet de plus de discussions et ont excité davantage les investigations des écrivains que celui-ci. Toutefois, la célébrité de l'infortuné héros ne survint environ qu'un demi-siècle après sa mort. Celui qui la commença fut Voltaire, dans son *Siècle de Louis XIV*, publié en 1751 :

« Peu de temps après la mort de Mazarin, il
« arriva, dit-il, un évènement qui n'a point
« d'exemple ; et ce qui est non moins étrange,
« c'est que tous les historiens l'ont ignoré. On
« envoya dans le plus grand secret au château
« de l'île Sainte-Marguerite, dans la mer de
« Provence, un prisonnier inconnu, d'une taille
« au-dessus de la moyenne, jeune, et de la
« figure la plus belle et la plus noble. Ce pri-
« sonnier, dans la route, portait un masque
« dont la mentonnière avait des ressorts
« d'acier, qui lui laissaient la liberté de manger
« avec le masque sur le visage. On avait ordre
« de le tuer, s'il se découvrait. Il resta dans
« l'île jusqu'à ce qu'un officier de confiance,
« nommé Saint-Mars, gouverneur de Pigne-
« rol, ayant été fait gouverneur de la Bastille
« en 1690, l'alla prendre dans l'île Sainte-
« Marguerite et le conduisit à la Bastille, tou-
« jours masqué. Le marquis de Louvois alla le
« voir dans cette île avant sa translation, et

« lui parla debout et avec une considération
« qui tenait du respect. Cet inconnu fut mené
« à la Bastille, où il fut logé aussi bien qu'on
« peut l'être dans le château. On ne lui refusait
« rien de ce qu'il demandait. Son plus grand
« goût était pour le linge d'une finesse extraor-
« dinaire et pour les dentelles; il jouait de la
« guitare. On lui faisait la plus grande chère,
« et le gouverneur s'asseyait rarement devant
« lui. Un vieux médecin de la Bastille qui
« avait souvent traité cet homme singulier
« dans ses maladies, a dit qu'il n'avait jamais
« vu son visage, quoiqu'il eût examiné sa
« langue et le reste de son corps. Il était
« admirablement bien fait, disait ce médecin,
« sa peau était un peu brune. Il intéressait par
« le seul son de sa voix, ne se plaignait jamais
« de son état et ne laissait point entrevoir ce
« qu'il pouvait être. Cet inconnu mourut en
« 1703, et fut enterré la nuit à la paroisse de
« Saint-Paul. Ce qui redouble d'étonnement,
« c'est que, quand on l'envoya à l'île Sainte-
« Marguerite, il ne disparut de l'Europe au-
« cun personnage considérable. Ce prisonnier
« l'était sans doute, car voici ce qui arriva les
« premiers jours qu'il était dans l'île. Le gou-
« verneur mettait lui-même les plats sur la
« table, et ensuite se retirait après l'avoir
« enfermé. Un jour, le prisonnier écrivit avec
« un couteau sur une assiette d'argent et jeta

« l'assiette par la fenêtre, vers un bateau qui
« était au rivage, presque au pied de la tour.
« Un pêcheur, à qui ce bateau appartenait,
« ramassa l'assiette et la porta au gouverneur.
« Celui-ci étonné, demanda au pêcheur : Avez-
« vous lu ce qui est écrit sur cette assiette, et
« quelqu'un l'a-t-il vue entre vos mains ? Je
« ne sais pas lire, répondit le pêcheur ; je viens
« de la trouver, personne ne l'a vue. Ce paysan
« fut retenu jusqu'à ce que le gouverneur fut
« informé qu'il n'avait jamais lu et que l'as-
« siette n'avait été vue de personne. Allez, lui
« dit-il, vous êtes bien heureux de ne pas
« savoir lire.

« Parmi les témoins de ce fait, ajoute le
« même auteur, il y en a un très digne de foi
« qui vit encore. M. de Chamillard fut le der-
« nier ministre qui eut cet étrange secret. Le
« second maréchal de la Feuillade, son gendre,
« m'a dit qu'à la mort de son beau-père il le
« conjura à genoux de lui apprendre ce que
« c'était que cet homme qu'on ne connait que
« sous le nom de l'*Homme au masque de fer*.
« Chamillard lui répondit que c'était le secret
« de l'État, et qu'il avait fait serment de ne le
« révéler jamais. »

« Aucun tableau ne pouvait être mieux fait
pour piquer la curiosité. Aussi les esprits ne
tardèrent pas, sur ce simple récit, sans s'occuper davantage de la question de savoir si

l'homme gardé par Saint-Mars était vraiment
un grand personnage, de se mettre en quête
du nom demeuré caché, et de le trouver, ceux-
ci dans tel individu, ceux-là dans tel autre. Il
s'éleva même entre eux des polémiques assez
violentes qui ne parvinrent pas pourtant à
éclaircir le fond de la question.

« Déjà, en 1759, rapporte l'un des chroni-
« queurs littéraires du *Soleil*, La Grange-
« Chancel rectifiait Voltaire : le Masque s'ap-
« pelait *Latour*. Rien n'indiquait que son
« masque de fer fut à ressorts. Il le portait à
« la promenade et devant les étrangers. Ses
« vêtements étaient bruns, son linge très fin.
« On lui donnait des livres et tout ce qu'on
« peut accorder à un prisonnier. Le gouverneur
« et les officiers restaient debout, nu-tête,
« devant lui, jusqu'à ce qu'il les fit couvrir et
« s'asseoir. Ils allaient lui tenir compagnie et
« manger avec lui. »

En 1771, dans la nouvelle édition de son
Dictionnaire philosophique, Voltaire, par la
plume de son éditeur, voulut lui-même déchi-
rer le voile sous lequel il avait tenu d'abord à
cacher son héros et fit écrire que ce dernier
n'était autre qu'un frère ainé de Louis XIV :
« Le Masque de fer, dit le *Dictionnaire*, était
« sans doute un frère et un frère ainé de
« Louis XIV. dont la mère avait le goût pour
« le linge fin. sur lequel M. de Voltaire appuie.

« Ce fut en lisant les mémoires de ce temps
« qui rapportent cette anecdote au sujet de la
« Reine, que, me rappelant ce même goût du
« Masque de fer, je ne doutais pas qu'il fût son
« fils. » Le raisonnement, à la vérité, n'est pas
très fort, mais on en jugera plus tard.

« En 1698, continue La Grange-Chancel,
« quand le prisonnier fut transféré à la Bas-
« tille, il dut s'arrêter à Palteau avec son
« geôlier Saint-Mars. Il mangeait sans quitter
« son masque noir, avec Saint-Mars qui avait
« deux pistolets auprès de son assiette. »

« Toutefois, dès 1769, le P. Griffet, dans
son *Traité des différentes sortes de preuves qui
servent à établir la vérité dans l'Histoire*, fut
amené à discuter incidemment l'opinion déjà
admise, à la réfuter en partie, sans la rempla-
cer par une nouvelle. C'est cependant le Père
Griffet, qui, le premier, fournit un fait précis,
la date de 1703, comme année de la mort du
prisonnier. Le masque était de velours, dit-il,
et c'est un vieillard à cheveux blancs qui le
portait quand il devait paraitre en public.

« Néanmoins, cette restriction n'arrêta pas
les hypothèses. Après de Beaufort, le duc de
Montmouth, fils naturel de Charles II; Mattioli,
ministre du duc de Mantoue; le patriarche
Avedick; un jacobin fou nommé Gonna; puis

un fils adultérin d'Anne d'Autriche : le comte
de Vermandois, fils de Louis XIV et de Made-
moiselle de la Vallière ; enfin le surintendant
Nicolas Fouquet, devinrent tour à tour les
propriétaires de cet accessoire.

« Aujourd'hui même, bien que la critique
ait fait justice de la plupart de ces allégations,
la question, en France, n'est pas encore entiè-
rement élucidée. Les recherches faites dans
les archives de l'État ont permis à des auteurs
français de se rapprocher beaucoup de la vérité, mais sans l'atteindre absolument, croyons-
nous.

« Dernièrement, le problème, à l'occasion
du livre de M. Lair sur *Fouquet*, s'est représenté dans l'*Intermédiaire des chercheurs et des
curieux*, et a été rapporté dans plusieurs jour-
naux, particulièrement dans le *Nouvelliste* de
Lyon et le *Soleil*. C'est ainsi que s'exprime la
première de ces feuilles :

« Cette fois, c'est de l'opinion de M. Lair
« que l'on cause entre *chercheurs* et *curieux*.
« M. Lair, dans son livre sur *Fouquet*, a été
« amené, en effet, à examiner si le Masque de
« fer et le fameux surintendant ne faisaient,
« comme d'aucuns l'ont prétendu, qu'une seule
« et même personne. M. Lair ne le pense pas ;
« il ne croit pas non plus que l'Homme au
« masque de fer ait été un frère de Louis XIV,

« ni le duc de Montmouth, ni le duc de Beau-
« fort, ni le comte de Vermandois, ni le comte
« Mattioli.

« M. Lair dit que le prisonnier mystérieux
« était un certain Eustache Dauger, valet d'un
« agent d'origine française, nommé Roux de
« Marsilly, qui allait et venait en Suisse, en
« Hollande, en Belgique et en Angleterre pour
« le compte des ennemis de la France. »

« Pour nous, nous n'avons besoin de dire
que Voltaire, dans le récit de l'évènement
qu'il juge si étonnant, a écrit une page de
roman plus qu'une page d'histoire, et que la
plupart des écrivains qui l'ont suivi, tout en
ayant souvent l'air de le contredire, n'ont pas
été mieux inspirés.

« M. Lair, dont on vient d'entendre l'opinion,
touche, à la vérité, de très près, la personnalité
du Masque de fer, mais ne l'atteint pas non
plus. Celui qui nous parait avoir résolu com-
plètement le difficile problème est un savant
d'Outre-Monts, dont les ouvrages d'érudition
sont aussi nombreux que marqués au coin de
la plus sévère critique, un savant qui tient à
l'Académie de Savoie par les liens les plus
intimes, je veux dire M. le baron Carutti di
Cantogno. Dans sa brochure *La Maschero di
ferro*, parue l'année dernière, il nous fait appa-
raitre avec un art admirable d'exposition et de

discussion le véritable personnage à la recher-
che duquel tant de grands esprits ont employé
jusqu'ici leurs veilles.

« Pour arriver à la vraie personnalité du
prétendu Masque de fer, la question doit être
ainsi posée. Tout le monde convient que ce
personnage énigmatique fut successivement,
sous le gouverneur Juste-Benigne d'Auvergne,
seigneur de Saint-Mars, prisonnier à Pignerol,
à Exilles, à l'île Sainte-Marguerite et enfin à la
Bastille, où il mourut en 1703, après vingt ans
de captivité. Quels furent les divers prisonniers
que Saint-Mars eut à garder dans ces trois
forteresses ? Quel fut celui d'entr'eux à qui
peut s'appliquer véritablement la légende du
Masque de fer ?

« Comme l'on sait, la ville de Pignerol, prise
en 1630, durant la guerre de succession de
Mantoue, par l'armée de Louis XIII, comman-
dée par le cardinal de Richelieu lui-même, fut
incorporée à la France et gardée par cette
puissance jusqu'en 1696, où elle fut rendue au
duc de Savoie Victor-Amédée II. Le célèbre
cardinal en avait fait une place de guerre de
premier ordre, que Louis XIV avait encore
perfectionnée sur les plans de Vauban.

« En 1664, la citadelle, semblablement à ce
que le château-fort de Miolans était au dernier
siècle chez nous, devint une austère prison

d'État, et, vers la fin de l'année 1665, reçut
pour nouveau commandant Saint-Mars, avec
une compagnie franche de soixante-dix hommes, dont ce seigneur était capitaine. Saint-
Mars conserva la garde de cette prison dès
cette année 1665 jusqu'en 1681, puis devint
commandant d'Exilles de 1681 à 1687, de Sainte-
Marguerite de 1687 à 1698, enfin de la Bastille
de 1698, où nous le laissons en 1703, à la mort
du prétendu Masque de fer.

« Les prisonniers de marque qu'il reçut et
qu'il eut à garder dans ces divers forts furent,
à Pignerol : Nicolas Fouquet, vicomte de Me-
lun, comte de Vaux, marquis de Belle-Isle,
incarcéré le 16 janvier 1665 ; Antoine Nompar,
comte de Caumont, puis duc de Lauzun et de
Montpensier, le 19 décembre 1671 ; Jérôme,
comte Mattioli, ministre du duc de Mantoue,
auquel, suivant l'usage pratiqué à cette époque
envers certains prisonniers pour cacher leur
captivité et signifier leur mort au monde, on
donna le nom de Lestang, le 2 mars 1672. Les
autres détenus étaient des personnes de moindre importance, et la plupart même des gens
de basse condition. Tels furent, en 1668, un
nommé Cron, commissaire d'artillerie ; en
1669, le seigneur Honneste de Valcroissant,
l'écuyer La Forest, les deux valets de Fouquet,
Champagne et La Rivière ; la même année,

Eustache Dauger, valet de l'espion Roux-Marsilly, arrêté à Dunkerque: en 1672. les nommés Ramel et Loggier. pour avoir mal parlé du gouvernement: le nommé Heurtaut qui avait porté des lettres au duc de Lauzun, un certain Plasset, une femme appelée Carrière et un autre individu du nom de Mathonet, pour le même délit; en 1673. le trésorier de guerre Champin, les nommés Butticaris. Castagneri et Coluzio; en 1674. un personnage innommé qui, escorté de Paris jusqu'à Lyon par le sieur Legrain. prévôt de la gendarmerie de France, fut livré en cette dernière ville aux soldats de Saint-Mars chargés de le recevoir; en 1676. un nommé Dubreuil. dit Sanson, arrêté en Alsace; en 1680, le comte de Fénil; en 1681. deux pères Carmélites, appelés l'un Rube. l'autre Michel, et le marquis de Cercenasco.

« Lorsque Saint-Mars fut nommé gouverneur d'Exilles, en cette même année 1681, le marquis de Louvois, ministre de France, le prévint qu'il aurait à emmener avec lui, dans cette forteresse, « ceux des prisonniers que le « roi croirait assez de conséquence pour ne « pas les mettre en d'autres mains » et, le neuf Juin, il lui donna ordre de transférer ainsi « dans une litière, sous l'escorte de sa compa- « gnie, les deux prisonniers de la Tour d'en « bas, lesquels étaient Eustache Dauger et l'innommé qui avait été incarcéré en 1674. Il n'y avait alors à Pignerol plus que cinq détenus, ce dernier, Dauger, le comte Mattioli, son serviteur et Dubreuil. Ces trois derniers restèrent dans leur première prison. Les deux autres, que Saint-Mars appelle « ses deux merles », partirent pour leur nouvelle destination pendant une nuit d'octobre. L'un d'eux tomba malade d'hydropisie, demanda, en 1685, à faire son testament, et enfin mourut en 1687.

« Sur ces entrefaites, le gouverneur d'Exilles, appelé en la même qualité aux îles Sainte-Marguerite, dut encore conduire avec lui, de telle manière que personne ne put ni lui parler, ni le voir, le prisonnier survivant qu'il avait déjà amené de Pignerol à Exilles. A cette occasion, il écrivit au ministre, le 7 janvier 1687 : « Si je le mène aux îles, je crois que la « plus sûre voiture serait une chaise couverte « de toile cirée, » et, sept jours après : « Je « donnerai si bien mes ordres pour la garde « de mon prisonnier, que je puis vous en ré-« pondre, Monseigneur. » Comme ce luxe de précautions avait excité la curiosité, on se mit à faire des suppositions dans le public et à interroger même le vigilant gouverneur. Celui-ci, naturellement, se garda bien de dévoiler le secret, et, comme il avait déjà fait en pareille occurence à Pignerol, il continua dans son nouveau poste à se débarrasser de l'importunité des curieux par ce qu'il appelait des « contes jaunes. »

« Il y eut, durant le gouvernement de Saint-Mars au fort des iles Sainte-Marguerite, comme détenus, en 1687, un chevalier de Chezut, qui céda sa place au prisonnier amené d'Exilles ; de 1690 à 1693, les pasteurs protestants Paul Cardel, Valsec, Molan (ou Lastang), Malzac, Girard et Gardien. Le premier chantait jour et nuit des psaumes pour se faire reconnaître ; Valsec, surnommé Salves, écrivait, dit Saint-Mars, sur sa vaisselle d'étain et sur son linge des pauvretés, dans le but de faire entendre qu'on le retenait injustement pour la pureté de sa foi.

« Pendant ce temps-là, c'est-à-dire en 1694, Louis XIV, qui avait déjà résolu de restituer Pignerol au duc de Savoie Amédée II, ordonna de transférer à Sainte-Marguerite les prisonniers qui s'y trouvaient encore, et qui, on se le rappelle, étaient le comte Mattioli, son serviteur, et Dubreuil. Il est bon de dire déjà que Dubreuil mourut au moment même où il allait être transféré ; que le comte Mattioli était à peine arrivé à sa nouvelle destination, lorsque la mort vint le frapper à son tour, et que le serviteur trépassa lui-même, avant 1696.

« Enfin, nous voici arrivés en 1698, où le

ministre Barbézieux, fils et successeur de Louvois, annonce à Saint-Mars sa nomination de gouverneur de la Bastille, et où il lui dit qu'il aura à amener avec lui son ancien prisonnier *depuis vingt ans*, tout en prenant des précautions nécessaires pour qu'il ne soit ni vu, ni connu de personne. Saint-Mars, pour répondre à cette recommandation, fit imposer, durant le voyage, un masque de velours sur la figure de son compagnon. Celui-ci dut garder constamment à la Bastille ce même accessoire de toilette et fut redevable à cette circonstance de devenir fameux sous le nom de Masque de fer.

« Il ne saurait y avoir de doute à cet égard. Aucun des prisonniers de Saint-Mars, sauf ce dernier, ne porta jamais de masque. D'ailleurs, tous les autres étaient morts à cette date, ou avaient été libérés. Des personnages de marque, Fouquet était décédé à Pignerol en 1680 ; Lauzun fut libéré le 22 avril 1681 ; Mattioli mourut à Sainte-Marguerite en 1694, comme il a été dit. Des autres détenus de moindre importance, le commissaire d'artillerie Cron était sorti l'année qui avait suivi son emprisonnement ; Ramel ne fut gardé que quelques semaines ; Logier fut libéré au mois de novembre de la même année ; Heurtaut s'était suicidé ; la dame Carrière et Mathonet sortirent la même

année de leur incarcération; Plasset obtint sa
liberté en 1673; Champin fut déféré au juge-
ment du Conseil Souverain de Pignerol et n'en-
tra plus dans le compte des incarcérés de la
forteresse; Castagneri et Coluzio furent relâ-
chés dans l'année même de leur saisie; Butticaris fut libéré en 1675; Dubreuil était mort à
Pignerol, comme il a été dit, au moment où il
allait être transféré à Sainte-Marguerite; enfin,
le serviteur de Mattioli, qui avait été amené
avec le ministre Mantouan à Sainte-Marguerite,
mourut en cette dernière forteresse avant
1696.

« De tous les prisonniers confiés à la garde
de Saint-Mars à Pignerol et qui avaient été
transférés à Sainte-Marguerite, il ne restait
donc à un moment donné que l'un des deux
qu'il avait conduits lui-même de Pignerol à
Exilles et dont l'autre était mort en cette dernière prison, après avoir demandé à faire son
testament, c'est-à-dire Eustache Dauger et
l'innommé.

« Le premier, suivant Louvois, n'était qu'un
valet, qui ne méritait pas d'être traité avec
beaucoup d'égards. — Le second est aussi
dépeint en ces termes dans une lettre du même
ministre à Saint-Mars : « Le roi ayant jugé à
« propos pour le bien de son service d'envoyer
« à Pignerol un prisonnier, lequel, quoique

« obscur, ne laisse pas d'être homme de consé-
« quence... Vous recommanderez à l'officier
« de le conduire sans éclat par les chemins et
« de le faire entrer dans Pignerol sans bruit et
« même sans que l'on s'aperçoive que c'est un
« prisonnier. » Quelque temps après, Louvois
écrit de même : « Comme c'est un fripon insi-
« gne, qui, en matière fort grave, a abusé de
« gens considérables, il faut qu'il soit traité
« durement. »

« Plus tard encore, comme ce prisonnier se
livrait à des actes de folie dans sa prison,
poussait des cris et faisait du tapage, le ministre de Louis XIV recommande de le traiter avec
sévérité, bien que ce soit un prêtre, et, pour
tranquilliser la conscience du commandant,
ajoute : « Je dois vous expliquer qu'il est vrai
« que ceux qui frappent un prêtre, au mépris
« de son caractère, sont excommuniés ; mais
« il est loisible de châtier un prêtre quand il
« est méchant et que l'on est chargé de sa
« conduite. » Enfin, Saint-Mars nous apprend
lui-même, dans un rapport adressé à ce même
Louvois, que ce prêtre était un religieux jacobin, arrêté en 1672 par ordre du comte d'Armagnac.

« Maintenant, lequel d'Eustache Dauger ou
de ce religieux jacobin fut « l'ancien prison-

nier » de Saint-Mars qui fut amené par ce gouverneur à la Bastille ?

« D'après M. le baron Carutti, il n'y a pas de doute que ce ne fut ce dernier. Selon lui, Eustache Dauger était celui qui avait fait son testament et était mort à Exilles. Ce qui prouve que l'innommé fut le survivant, c'est que, dit-il, celui-ci ne pouvait pas demander à faire un testament, parce que son vœu de pauvreté ne lui laissait rien en propre ; mais bien le premier qui, ayant été serviteur de Roux-Marsilly, pouvait avoir fait quelques économies. D'ailleurs, on n'aurait pas pris pour ce dernier les précautions du masque de velours et autres, pour empêcher qu'il ne fût reconnu, durant son voyage de Sainte-Marguerite à la Bastille, et durant son séjour en cette prison ; mais ces précautions étaient raisonnables et même commandées pour le religieux dont on voulait sauvegarder le caractère sacré contre l'irrévérence possible du public : d'abord parce qu'il avait résidé à Lyon, ensuite parce qu'il appartenait au couvent des Dominicains de Paris, et qu'il y avait crainte qu'il ne fût reconnu, soit en passant à Lyon, soit des Parisiens avec lesquels il devait se trouver en contact.

« En résumé, il résulte de ce que nous venons de dire, d'après M. le baron Carutti :

« Que le récit de Voltaire, concernant le

Masque de fer, est un pur roman, composé avec les « contes jaunes » des officiers des châteaux-forts qui renfermaient les prisonniers, et avec les légendes qui en naquirent parmi les populations du voisinage sur la personnalité et les actes de ceux-ci :

« Que, contrairement à ce que dit le même Voltaire, il était très commun alors qu'on maintînt certains détenus dans un secret absolu, en dehors de toutes communications avec l'extérieur, et même qu'on leur donnât un autre nom ;

« Que le masque dont il s'agit ne fut pas de fer, mais simplement de velours, qu'il ne fut porté par aucun prisonnier à Pignerol, à Exilles et à Sainte-Marguerite, mais seulement pendant le transfert de l'innommé de cette île à la Bastille, et durant son séjour à cette dernière prison d'État ;

« Que Louvois n'alla jamais lui-même à Sainte-Marguerite et, par conséquent, ne parla jamais au prétendu Masque de fer ;

« Que le goût de celui-ci pour le linge fin et les dentelles, et sa relation avec un goût semblable de la mère de Louis XIV, sont de pures imaginations ;

« Que ce qui est dit de l'assiette d'argent où le prisonnier avait écrit de la pointe de son

couteau, ainsi que de son amour à jouer de la
guitare, ne peut avoir pris origine que des
« pauvretés » tracées sur une assiette d'étain
par le pasteur protestant Valsec et du chant
des psaumes du pasteur Cardel ;

« Qu'il n'y eut jamais, sous la garde de
Saint-Mars, de prisonnier du nom patronymi-
que de *Latour*, mais seulement qu'on désignait
à Pignerol, Dauger et l'inconnu par l'appella-
tion de prisonniers de la *Tour d'en bas*, tirée
du lieu où ils étaient renfermés ;

« Que ces deux prisonniers sont les seuls sur
lesquels peut porter la solution du problème
concernant le prétendu Masque de fer ;

« Que Dauger mourut à Exilles le 4 janvier
1687, avant la nomination de Saint-Mars au
poste de gouverneur du fort de Sainte-Marguerite ;

« Enfin, que le fameux personnage qui a été
jusqu'ici le sujet de tant de suppositions et de
discussions parmi les historiens, n'est autre que
le religieux jacobin, dont, à la vérité, on ne
sait encore ni le nom qu'il portait dans le
monde, ni celui qu'il avait reçu en religion,
mais dont on retrouverait assurément ces deux
dénominations en consultant attentivement,
aux archives de l'ancien département de la
guerre de Paris, la correspondance du comte

d'Armagnac avec l'archevêque de Lyon et le
gouverneur de Pierre-Scize, et surtout celle de
Saint-Mars avec Louvois en 1677 et 1686, quand
il s'agit du compagnon de Dubreuil, à Pignerol,
et de la mort du prisonnier d'Exilles. »

Voilà un travail considérable et de nature à captiver l'attention. J'admire la
profondeur des recherches dont il est le
résultat; j'admire plus encore la logique
de l'investigateur. Cependant, je dois le
reconnaître, il ne satisfait pas complète-
ment mon insatiable curiosité. Le motif,
c'est que ses conclusions me paraissent
fort invraisemblables.

Selon M. le baron Carutti, l'Homme au
masque de fer serait un moine obscur,
dont on ignore même le nom, enfermé
pour un crime inconnu, et masqué dans le
seul but de ne pas froisser la dignité des
religieux de l'ordre auquel il appartenait.

Le crime imputé à ce malheureux devait
avoir été bien énorme pour un pareil châtiment, châtiment qui n'a pris fin qu'avec
la vie du coupable. Eh bien, ce crime
n'est ni exposé, ni prouvé, ni même sup-
posé. Le mystère dont on entoure la personne serait-il la conséquence logique de
l'ombre dans laquelle est restée envelop-
pée la faute ?

A qui pourra-t-on faire croire que le
puissant monarque, qui, plus d'une fois, a
malmené le Pape, contrariant ses desseins,
aurait usé de si grands ménagements envers un moine criminel ? Ce serait établir
en fait, ce que les écrivains les plus pieux
n'ont pas voulu admettre, que l'habit religieux peut assurer un brevet d'impunité à
celui qui le porte.

Le fameux masque de fer n'aurait été
appliqué sur la face du prisonnier que
pour l'empêcher d'être reconnu par les
religieux de son ordre. Mais cet ordre
était donc représenté partout, à Pignerol,

aux îles Sainte-Marguerite, à Exilles et à la Bastille, dans la cellule du captif comme dans le préau où il lui était permis de prendre l'air.

Si ce moine était un homme de marque, comment expliquer sa disparition sans bruit et sans scandale, et comment son nom serait-il resté inconnu ? Si, au contraire, c'est un moine insignifiant, comprendrait-on que le Régent et Louis XV aient répondu aux interrogations qui leur étaient adressées en maintenant l'ombre épaisse qui enveloppait le prisonnier ?

Je ne pense pas comme M. Carutti di Cantogno. Mais tous les échecs qui se produisent ne sauraient diminuer l'intérêt de ces recherches, dont la plupart font au moins avancer de quelques pas la solution du problème. Morceau par morceau, il est à espérer que l'on arrivera bientôt à arracher un de ces secrets que l'histoire aime à dérober à ses meilleurs amis.

Un heureux hasard m'a mis entre les mains une brochure soutenant un autre système et qui a causé dans mes esprits une immense surprise. Jeu brillant de lutteur habile, plaidoyer d'avocat ou réelle conviction, cette thèse, nouvelle pour moi, m'a vivement intéressé, et j'ai pensé faire part du contenu de cette brochure à mes contemporains dont la plupart n'en ont pas connaissance.

Cette brochure (1) ne date pas d'aujourd'hui; il y a déjà quelques années qu'elle a vu le jour (1883). Son auteur se cache sous un pseudonyme, car Ubalde ne semble pas être un nom réel, et c'est de ce nom qu'elle est signée.

Quoiqu'il en soit. Ubalde suit d'abord

(1) *Le Secret du Masque de fer*. Étude sur les dernières années de la vie de J.-B. Poquelin de Molière (1664-1703), par Ubalde, auteur de la *Profession de foi de Ubalde*. Trois citations dont une de Voltaire *(Siècle de Louis XIV)* et deux de Louis XV, relatives au Masque de fer. 31 pages. 1883. Couverture jaune. Bordeaux, Feret et fils, libraireséditeurs, 15, cours de l'Intendance. Orléans. H. Herluison,

la marche commune, en commençant par établir l'existence du prisonnier désigné sous la qualification de l'Homme au masque de fer; existence qui a été plusieurs fois contestée. Il rejette ensuite, les dates en main, toutes les versions autres que la sienne, à l'exception toutefois de celle du duc de Beaufort, qui paraît mériter quelque crédit à ses yeux. Il n'a d'argument péremptoire contre elle que l'ignorance absolue où l'on est des motifs qui auraient pu justifier de semblables procédés envers ce gentilhomme.

---

libraire-éditeur, 17, rue de Jeanne d'Arc. Tous droits réservés.

Cette brochure contient les matières indiquées dans la table ci-après reproduite :

Dédicace au chevalier Dunois.

    i. Servant de préface.
    ii. Les documents certains.
    iii. Les faits réels.
    iv. Inanité des hypothèses faites jusqu'à ce jour.
    v. Mise en équation du problème.
    vi. La solution.
    vii. Un dernier mot.

Dans un almanach postérieur à la brochure, Ubalde en promettait une nouvelle sur le même sujet; mais je n'ai pas pu savoir s'il a réalisé cette promesse. Il est même assez probable que cette seconde brochure n'a pas paru.

Ubalde ne tarde pas à poser nettement le problème. Il s'agit, dit-il, de trouver un homme extrêmement en vue, aux traits bien connus, et connus de beaucoup de monde, passant auprès du public pour être mort, subitement, selon toutes probabilités, entre 1670 et 1674, et dont les agissements auraient excité des haines et des craintes assez vives et assez puissantes pour le faire rayer définitivement et à tout jamais, sinon du livre de la vie, du moins du monde et de la fréquentation des vivants. Évidemment, continue Ubalde, il ne peut exister deux hommes réunissant scrupuleusement toutes ces conditions, très exceptionnelles, on en conviendra, deux hommes dont la disparition ait eu lieu précisément dans un laps de temps aussi court et aussi nettement déterminé. Il ne peut s'en trouver qu'un et Ubalde n'hésite pas à dire que ce malheureux c'est l'auteur du *Tartufe*.

J'emploie avec intention cette désignation au lieu de celle de J.-B. Poquelin dit Molière, afin de bien déterminer la cause de cette séquestration.

Cette fameuse pièce de théâtre serait donc le motif d'une si longue infortune. En mettant sur la scène les hypocrites, en empruntant les traits et portraits de ses personnages à la cour de Louis XIV, ce génie qui brille d'un si grand éclat, non seulement dans la littérature française, mais encore dans les lettres universelles, souleva contre lui la colère de personnages marquants, se sentant morveux, pour me servir d'une expression pittoresquement populaire. Ces personnages affectent de considérer la religion comme attaquée et de n'avoir en vue que sa défense. Mais il est facile de voir que leurs ressentiments étaient personnels et que la religion n'était pour rien dans leur levée de boucliers. L'absence de toute modération dans leurs écrits, les imprécations auxquelles ils se livrent, n'ont rien de commun avec aucune des branches du christianisme. En revanche, ces caractères appartiennent aux faux dévots.

Ces tartufes manquaient les exercices religieux prescrits, quand le roi ne devait pas y assister, et ils allaient entendre sans sourciller telle pièce impie ou libertine où l'hypocrisie n'était pas en jeu. Le grand Condé expliquait ainsi ce *phénomène :* Dans la pièce libertine, disait-il, Dieu seul était attaqué et non pas ses hypocrites serviteurs, tandis qu'il en était autrement dans le *Tartufe*. Là, l'hypocrisie est visée et les hypocrites ne le pardonnent pas.

Cette tourbe qui n'est pas encore près de disparaître de la surface du monde, s'ingénia à faire parvenir jusqu'au roi ses réclamations. Les hypocrites coalisés dans l'ombre écrivirent et firent écrire les plaintes les plus vives contre la pièce et par conséquent contre son auteur.

Veut-on quelques exemples des débordements qui se sont produits ? Un curé de Paris fit imprimer une diatribe effrayante dans laquelle le pauvre Molière était traité de démon vêtu de chair et habillé en homme. « C'était l'homme le plus libertin « du siècle présent et des siècles passés. « Il avait eu assez d'impiété et d'abomi- « nation pour faire sortir de son esprit « diabolique une pièce toute prête à être « rendue publique à la dérision de toute « l'Eglise. » Et la conclusion, que le curé ne marchandait pas, était que Molière *méritait, par cet attentat sacrilège et impie, un dernier supplice exemplaire et public, et le feu même, avant-coureur de celui de l'enfer, pour expier un crime si grief de lèse-majesté* DIVINE.

Ces menaces et d'autres analogues, qui trahissent une colère portée au plus haut point et un esprit de vengeance dont on pouvait tout attendre, ne laissaient pas de préoccuper le malheureux qu'elles concernaient.

Dans la préface du *Tartufe* (1669), il écrit : « Les gens que ma comédie joue ont bien fait voir qu'ils étaient plus puissants en France que tous ceux que j'ai joués jusqu'ici. *C'est un crime qu'ils ne sauraient me pardonner.* »

La même pensée se fait jour dans deux placets du roi : « Si les tartufes ont l'avantage, ils prendront droit par là de me persécuter plus que jamais, dit-il dans l'un ; et dans l'autre : « Il est très assuré que je ne dois plus songer à faire de comédies, si les tartufes ont l'avantage. »

Il ne faut pas se le dissimuler, contre la rage des tartufes, l'illustre écrivain n'avait pour appui que Louis XIV. Le monarque le défendit contre les attaques auxquelles il était en butte, et le protégea contre les menées souterraines. Mais, en devenant vieux, le grand roi devenait plus accessible

aux assauts livrés à son protégé et à lui-
même. Cédant aux instances de toute
nature dont il était accablé, il aurait fini
par l'abandonner, en lui réservant toutefois la vie sauve. Molière fut sacrifié,
mais le roi ne lui fit pas ôter la vie. Les
Ponce-Pilate sont de tous les temps.

Considérez les circonstances qui ont
entouré la mort de Molière, elles sont au
moins mystérieuses, bizarres et singuliè-
res. Ubalde n'est pas le seul à les qualifier
de cette sorte; de nombreux écrivains en
ont été frappés comme lui. L'un d'eux,
M. Loiseleur, a consacré à ce sujet un
ouvrage intitulé : *Points obscurs de la
vie de Molière*. Mais Ubalde me paraît
être le premier qui ait conclu de tant de
prémisses que Molière et l'Homme au
masque de fer ne font qu'un seul et même
personnage.

Il a groupé avec art les circonstances et
les citations, et je serais étonné qu'il se

trouvât un lecteur se refusant à partager la manière de voir de l'auteur.

Des contemporains de Molière prétendent que celui-ci n'était pas, le 17 février 1673, dans un état de santé à inspirer des inquiétudes, puisque à l'issue de la représentation, aucun de ses camarades n'eût l'idée de l'accompagner à sa demeure.

Il ne trouva à son domicile que deux religieuses. On n'est pas d'accord sur l'ordre auquel elles appartenaient, mais on affirme qu'elles étaient venues de la Savoie dans le but de quêter. Molière expire dans leurs bras sans qu'elles aient demandé du secours au voisinage. Ces religieuses venant d'un pays voisin de Pignerol paraissent fort suspectes à Ubalde.

Là les ténèbres s'accumulent; bien que mort le 17 février, ce n'est que le 21 que sa dépouille mortelle est portée en terre, sans être présentée à l'église. L'acte d'inhumation ne porte la signature d'aucun témoin, et l'on s'étonne que la veuve n'ait pas veillé à l'exécution des formalités obligatoires. car elle avait intérêt à leur accomplissement.

Les amis. qui vont jusqu'au cimetière Saint-Joseph, voient descendre le cercueil dans une fosse creusée au pied de la croix. et. quelques temps après. le clergé de la paroisse et le personnel du cimetière affirment que Molière est enterré dans un autre endroit. De là à conclure que la sépulture n'a été qu'une comédie et que le cercueil ne contenait aucun cadavre. il n'y a qu'un pas.

Enfin. tandis que la plupart des écrivains de ce grand siècle ont laissé des manuscrits. des lettres. des autographes de toute espèce. on ne possède rien de Molière, qui avait tant de relations et tant d'amis, on ne possède. dis-je. qu'une quittance. N'est-ce pas inouï ?

Vous saisissez maintenant la théorie de Ubalde. Molière est pris dans son

domicile particulier le 17 février au soir ;
on répand le bruit de sa mort, on joue la
comédie de l'enterrement, tandis que, ren-
fermé dans une voiture soigneusement
gardée, il roule vers Pignerol. Louis XIV
ne veut pas se déjuger, en laissant connaî-
tre qu'il a sacrifié son protégé, et qu'il a
ainsi brusquement mis fin aux productions
de ce génie ; il cache ce secret dont la
transpiration pourrait nuire à sa gloire.

Or, Molière a été vu et applaudi par
des milliers de personnes, tant à Paris que
dans la province. Il pourrait donc se ren-
contrer facilement quelqu'un qui le re-
connût sous les fers d'un prisonnier traité
comme les autres prisonniers. C'est alors
que l'idée du masque de fer prend nais-
sance, et aussitôt cette précaution est
adoptée. Le masque de fer est appliqué
sur le visage du grand homme qui ne le
quittera plus, pas même dans la tombe.

Puis des agents habiles à pénétrer en

tous lieux recueillent avec ardeur et dé-
truisent religieusement tout ce que l'éminent écrivain a semé sur sa route, d'autographes et de manuscrits. Ainsi s'explique
la rareté des autographes de Molière et,
du même coup, celle de la brochure
d'Ubalde, qui a sans doute été supprimée
par les mêmes procédés, mis en usage par
les mêmes gens.

Un des derniers champions entrés dans
la lice, c'est le capitaine de Bazeries. Cet
officier aurait découvert des lettres chif-
frées faisant lumière complète sur le célèbre prisonnier de Saint-Mars. Selon lui,
l'Homme au masque de fer ne serait autre
qu'un général français qui aurait rendu la
place de Coni sans l'avoir défendue suffi-
samment et au mépris des ordres de
Catinat, son général en chef. Il y a un
léger inconvénient à la validité de cette
nouvelle opinion, c'est que la place de
Coni fut prise en 1691 et qu'on a retrouvé
dans la correspondance du fils et succes-

seur de Louvois une lettre adressée à
Saint-Mars, gardien de l'Homme au masque de fer, portant la date du 13 août 1691
et disant : « Lorsque vous aurez quelque
chose à me mander du prisonnier qui est
sous votre garde *depuis vingt ans*, je
vous prie d'user des mêmes précautions
que vous faisiez quand vous en parliez à
M. Louvois. »

Cette période de vingt ans mise là par
un jeune ministre portant depuis un an
seulement le fardeau laissé par son père,
peut n'être pas rigoureusement exacte et
signifier entre quinze et vingt ans, mais sa
date exclut catégoriquement le candidat
présenté par le capitaine au concours des
Masques de fer. Malgré cela, je verrais
avec plaisir que le capitaine Bazeries pu-
bliât les pièces secrètes par lui découver-
tes auxquelles il ajoute la plus grande
importance. Si ces pièces n'éclairent pas
ceci, elles éclaireront peut-être cela.

Pour moi, je me demande comment on

peut encore chercher ailleurs quand Molière a été mis en avant et que tant de considérations viennent à l'appui de cette hypothèse qu'elle mérite de prendre rang d'axiôme. Nous attendons avec le flegme d'un stoïcien la nouvelle version du capitaine Bazeries, mais nous ne pensons pas devoir lui sacrifier la nôtre, c'est-à-dire celle d'Ubalde.

Les objections qu'on pourrait soulever à l'égard de celle-ci ne sont ni nombreuses, ni redoutables. La seule qui puisse présenter quelque importance est que, si Molière est l'Homme au masque de fer, il a dû atteindre l'âge de quatre-vingt-trois ans, dont trente (1673-1703) auraient été passés en état de captivité.

Mais qui sait ? Ce génie, plus philosophe que poète, a peut-être trouvé fort commode la manière de vivre qui lui était imposée.

Il a supporté patiemment le masque qui

lui couvrait le visage, en échange de la
satisfaction d'être débarrassé de la Béjard
et de toute son horrible et insatiable
séquelle. C'est un brevet de longévité que
de se sentir libre dans les entournures.
J.-J. Rousseau n'aurait-il pas accepté haut
la main un procédé analogue qui l'eût
débarrassé du joug de Thérèse ?

Les erreurs, en histoire, sollicitent le
regard des investigateurs et se l'attachent
par le brillant des couleurs qu'elles pré-
sentent. La Vérité est plus modeste, elle
attend qu'on aille à elle. Souvent le
chercheur passe auprès d'elle sans prendre
garde à sa présence, comme un botaniste
passe étourdiment auprès d'une violette
en cherchant des fleurs rares. Mais vient
le moment où celui-ci se rappelle l'avoir
vue quelque part, et il revient sur ses pas
pour la cueillir.

C'est le cas de la version qui fait de
Molière l'Homme au masque de fer et

l'objet de cet opuscule. Cette idée a été émise par Ubalde, qui (1) en a hautement proclamé la vérité. Qu'est-il arrivé ? Que la brochure qui contenait la solution du problème, donnée par Ubalde, est devenue aussi rare que les autographes de Poquelin. Cela ne donne-t-il pas à penser que le même œil ne s'est point départi de sa vigilance et que la même main est toujours prête à saisir. Or, un œil qui veille depuis deux cents ans, une main qui agit pendant deux siècles doivent appartenir à quelqu'une de ces institutions qui se perpétuent sans cesse et ne meurent jamais.

Il n'est pas nécessaire de dire que nous avons en vue ici la Compagnie de Jésus.

---

(1) J'ai entendu dire par des personnes qui prennent intérêt à la question que la personnalité de Molière a déjà été mise en avant. Entendraient-elles parler de la croisade tentée par Ubalde ou bien Ubalde aurait-il des devanciers ? Je ne sais à quoi m'en tenir à cet égard, mais je pencherais volontiers en faveur de la première allégation. Dans tous les cas, je suis prêt à rendre justice à qui de droit.

En effet, n'est-il pas étrange que cette magnifique corporation ait pris fait et cause pour les hypocrites. C'est là une aberration intellectuelle d'un moment dont on n'a pas cru devoir revenir, par respect humain. Autant dire que la victime d'une contrefaçon en a pris l'auteur sous sa protection. Les Jésuites se montrent ce qu'ils sont, les tartufes cherchent à les imiter. Ceux-ci sont les hypocrites, les autres sont francs de collier.

M'est avis que les Jésuites sont gens assez éclairés pour reconnaître aujourd'hui qu'ils ont fait fausse route en prenant le parti des Tartufes, qu'ils eûssent mieux fait de déférer au parquet pour délit de contrefaçon. Qui sait si mes raisonnements ne ramèneront pas la puissante Compagnie dans la voie que je lui montre et qu'elle regrettera d'avoir étourdiment abandonnée ? (1)

____

(1) Qu'on veuille bien ne pas voir là une opinion paradoxale, à moins qu'on ne se souvienne de cette définition

Les faits ont été passés en revue, inter-
rogés par les hommes les plus considérables, et le problème n'a pas trouvé sa
solution. Il est donc bon, cela fût-il en
désespoir de cause, d'invoquer un autre
procédé d'investigation. C'est alors que le
raisonnement apporte son concours. Nous
avons raisonné, nous avons procédé
comme Leverrier, et comme lui nous
avons trouvé notre planète.

Nous ne sommes pas le premier et nous
ne serons pas le dernier à regretter la
mort récente d'Auguste Vitu. Molière
était son Dieu et Vitu en était le prophète.
Pour nous consoler d'une perte aussi re-
grettable, nous espérons qu'il aura son
successeur et que les travaux accomplis
sous son impulsion ne seront pas perdus
pour les lettres. Ayons confiance. Le
Moliérisme est encore la religion de quel-
ques-uns parmi les hommes qui ne se

---

du paradoxe : C'est une erreur d'aujourd'hui qui peut fort
bien être la vérité de demain.

contentent pas de produire ce qui se vend, mais ne laissent pas de labourer avec courage les champs les plus improductifs du domaine de l'intelligence.

Nous leurs dirons : Dirigez vos télescopes sur le point de l'horizon que nous signalons à votre attention, et soyez sûrs qu'ainsi qu'il en a été pour les calculs de Leverrier, vous trouverez au bout de vos observations la confirmation et de nos calculs et de nos raisonnements.

FIN